Colección de Artículos Políticos II – 2009

Colección Artículos Política Dominicana

Lic. Arturo Féliz-Camilo, MDE

Primera edición impresa

Abril 2012

En la tapa:

"Anarquía" de Arturo Féliz-Camilo

Arturo Féliz Camilo ©

ISBN-13: 978-1475271430

Arturo Féliz-Camilo (1977-)

Nació en Santo Domingo, República Dominicana. Obtuvo el grado de Licenciado en Derecho "Magna Cum Laude" en la Universidad Autónoma de Santo Domingo (U.A.S.D.) en febrero de 2001. (República Dominicana)

En el 2008 obtuvo el grado de "Magíster en Derecho Empresarial y Legislación Económica" (MDE) en la Pontificia Universidad Católica Madre y Maestra (P.U.C.M.M.) de la República Dominicana.

Es intérprete profesional y consultor empresarial. Ha estado involucrado en temas políticos y análisis de la política Dominicana por más de una década.

<u>Prólogo</u>

El presente volumen es una compilación de mis artículos de temas políticos. Es la continuacion del tomo I que publiqué hace algun tiempo.

Del 2008 había dicho que fue probablemente mi año de mayor producción. El 2009 fue posiblemente el año en el que escribí algunos de los artículos políticos del período 2008-2011 que más me satisfacen. Esta publicación, al igual que la anterior, es solo una selección de algunos de los artículos publicados en ese año.

A medida que el tiempo ha pasado he escribiendo menos sobre temas políticos y he ido formando la idea de un libro que luego compartiré.

No soy menos político ni siento menos interés por la política, pero he dedicado mucho tiempo a otros proyectos. Mi preocupación sigue siendo la misma:

evitar caer en el cinismo, en el pensar que todos son iguales, en perder la fe...

La presente publicación tenía el objeto de proteger mis escritos y evitar que se perdieran en la bruma del olvido y la vida, por lo que si alguno halla inspiración en los mismos, me daré por mas que pago.

Arturo Féliz-Camilo
Abril 2012

¿Alguien dice Narco-Estado?

Diciembre 31, 2009

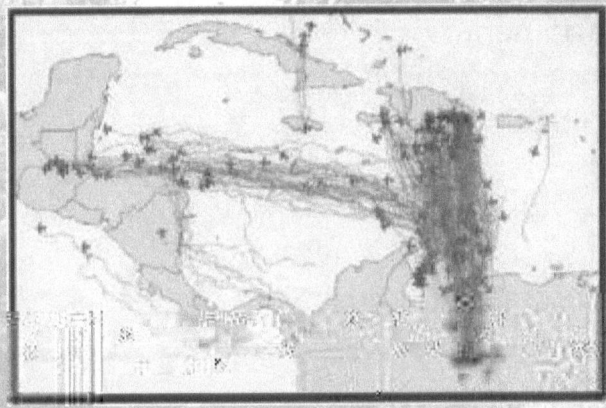

Hace unos años y a propósito de incidentes escandalosos, alguien declaró que nos encontrábamos ante un Narco Estado...

A más de 6 años de la "liberación" nos provoca recordar algunos hechos, porque la memoria es traicionera...

Lo de Quirino pasó en éste gobierno. Con Margaritas y muebles y generales puestos en retiro y grabaciones extraviadas y supuestas solicitudes de extradición.

Las trazas o vuelos no registrados, según el departamento de Estado de los Estados Unidos se han centuplicado precísamente en los últimos seis años.

Y el aeródromo alias "autovía del este" famosa ya por las avionetas que aterrizan y posteriormente se incineran también se ha instaurado en este gobierno.

Lo de Paya pasó en este gobierno. Ejecuciones sumarias y drogas y dinero perdido y militares involucrados a borbotones y Marina de Guerra desacreditada, sin cuerpo del delito y proceso contaminado.

El colombiano, testigo clave de la fiscalía en el proceso Paya, bebió forzosamente un cóctel de vidrio en una cárcel dominicana, a pesar de haber advertido que lo matarían.

Las francesas, condenadas por posesión de 6 kilos de heroína, fueron indultadas en éste gobierno, por demás ya acostumbrado a indultar delincuentes.

¿Figueroa Agosto y Sobeida? En este gobierno. Y en éste gobierno se escaparon ambos. Y en éste gobierno se ejecutó, a plena luz del día y en un barrio de clase alta, al coronel, testigo clave del caso, dos días antes de su cita en la fiscalía.

Y fue con el jefe de operaciones del DNCD que se reunió el coronel muerto media hora antes de morir. Y otro coronel del DNCD el que intentó sacar efectos personales del apartamento del coronel muerto minutos después de su muerte, con el cuerpo aun dentro del vehículo.

Es en éste gobierno que se ha dado la más grande crisis de lavado de activos de nuestra historia.

Es en éste gobierno que ya no queda un militar del que no se dude y en el que la

3

narco criminalidad se ha hecho insoportable y en el que las ejecuciones y los kilos y la sangre ya no logran fruncir un ceño...

¿Alguien dice Narco Estado?

El juez temeroso...

Diciembre 23, 2009

La atribución de impartir justicia es divina. Una atribución que los hombres aceptaron con reverencia desde el inicio de los tiempos en el entendido de que era de la más alta dignidad y eminencia. El juez solo responde a su conciencia y a Dios...

En las sociedades, históricamente, los jueces tuvieron siempre papeles centrales. Muchas veces su soberanía y poder rivalizó con la de los reyes y gobernantes.

Desde la Grecia y la Roma antiguas los jueces fueron parte de la estructura fundamental de la sociedad. Los judíos fueron gobernados por "jueces", delegados directos de Dios. Los reyes fueron los jueces por excelencia. La decisión "salomónica" es célebre y la vida de San Pablo se preservó por un "Apélo al César", juez supremo del imperio romano.

La fortaleza de una sociedad y su nivel institucional pueden definirse en gran medida por el poder e independencia de sus jueces. En las sociedades más avanzadas institucionalmente aun los presidentes y primeros ministros les temen.

El juez es una figura magna, soberbia, régia, majestuosa.

En la República Dominicana los jueces siempre fueron peones al servicio del poder. La profusión de procesos viciados por manejos e influencias políticas es tal, que no vale la pena tratar de enumerarlos. No han sido más que títeres ridículos, torpes y serviles.

A partir de la reforma constitucional del 1994, con la creación del Consejo Nacional de la Magistratura y la carrera judicial subsecuente, el papel de los jueces, su dignidad y sus actuaciones mejoraron sustancialmente.

A pesar de ese avance, en los últimos años, la progresiva politización y mediatización del ministerio público, el auge del trafico de drogas, la necesidad del gobierno de divertir la atención hacia temas más favorables y escurrir el bulto conjuntamente con una Suprema Corte de Justicia decrépita, cobarde, irresponsable y cómplice del gobierno más corrupto de nuestra historia han contribuido a dañar considerablemente el sistema y a perder en pocos años lo logrado en casi una década de evolución.

Lo que en un momento se vislumbró como un futuro promisorio para la judicatura se ha convertido en una vergüenza. Jueces cobardes e irresponsables que ven su carrera como un simple empleo y que temen tomar decisiones por temor a la opinión pública y a las repercusiones de sus decisiones, aun sean justas y legales, si no son políticamente convenientes.

Es por eso que un Ministerio Público considerablemente politizado, mediático y desconsiderado se atreve a presentar expedientes carentes de toda base para luego tener la audacia, el atrevimiento y la osadía de cuestionar las decisiones de los jueces.

Si los jueces no detienen las acusaciones y solicitudes de medidas de coerción sin fundamentos de un Ministerio Público irresponsable. Si siguen otorgando medidas de coerción y dando sentencias por presiones mediáticas y aceptando inadmisibles presiones, pronto tendremos de que lamentarnos.

La cobardía de nuestros jueces es hoy una de las principales amenazas al sistema de libertades...

Neo-pseudo-Anarquía

Diciembre 23, 2009

La anarquía, como teoría política-filosófica, es atractiva e interesante. En la práctica, pocas veces se ha visto. Nunca en comunidades extensas.

La anarquía no plantea desorden, como falsamente se cree, quizás por el abuso que los medios, por ignorancia o mala intención, han hecho del término. La anarquía más bien plantea autorregulación, autogobierno, gobierno autónomo, pero ordenado. Es sumamente difícil lograr hacerlo funcionar y en comunidades grandes, prácticamente imposible.

Pero hoy no nos queremos referir a la anarquía, sino a lo que con frecuencia llamamos anarquía, que es más bien una forma de pseudo-anarquía. Como se podrá suponer ya, la seudo-anarquía es todo aquello que conocemos como

9

anarquía, lo que hemos entendido siempre como anarquía: el desorden, el caos, la ausencia total de autoridad, la indefensión, la falta de ordenamiento jurídico, la ley de la selva o del más fuerte...

Lo que llamamos democracia hoy en día, en mucho se parece a la seudo-anarquía. Nuestro llamado, nuestra misión como jóvenes y nuestra meta no debe ser la destrucción del Estado y de sus instituciones, sino más bien el fortalecimiento de las mismas.

Nuestra misión es mejorar el Estado para llegar a vivir una verdadera democracia, participativa, justa, igualitaria, proporcionada, cargada de oportunidades basadas solo en capacidades y aptitudes, una sociedad verdaderamente democrática. Una sociedad ideal. Nuestro llamado es a la creación de una sociedad ideal, no a la destrucción de la misma.

Es por eso que nos oponemos a iniciativas que tiendan a la destrucción del Estado o al debilitamiento de sus instituciones. Rechazamos la reelección, rechazamos la imposibilidad de defenestrar a cualquier funcionario público que incurra en actuaciones indebidas, rechazamos la entrega servil de nuestras playas, de nuestro patrimonio ecológico, de nuestro oro, de nuestra soberanía financiera por medio de préstamos irracionales e injustificados, rechazamos a congresistas corruptos, incapacitados, oligofrénicos, violentos y analfabetos...tal y como rechazamos la idea de que "Esa no es mi constitución"...

No podemos alienarnos de la constitución, legalmente aprobada, aun sea un adefesio, sin convertirnos en lo que rechazamos. La vía de cambiarla, es por medio de la modificación posterior. A eso aspiramos.

No estamos de acuerdo con la capitalización de un disgusto generalizado y una frustración patentes sin una meta clara. El sistema de partidos políticos, a pesar de toda su putrefacción y corrupción, es lo que media entre la sociedad organizada y el caos que viven otros países.

Nuestra responsabilidad es crear. Proporcionar a nuestra sociedad una verdadera opción, viable, transparente, coherente, atractiva, fresca, diferente. No estamos de acuerdo con el voto por "ninguno", candidato por demás traído por los pelos y fracasado en otros países.

No estamos ni estaremos de acuerdo con nada que debilite nuestro frágil sistema democrático. No nos interesa la pseudo anarquía de nueva era. Nos interesa una evolución creativa, positiva y progresiva de nuestro Estado. No la destrucción de las instituciones que sostienen lo poco que tenemos. No somos un Estado fallido, pero con algo de esfuerzo podríamos llegar a serlo...

Explicando lo obvio...

Diciembre 16, 2009

No hay cosa más difícil que explicar lo obvio. Lo que es convención social, lo evidente, lo irrebatible, lo innegable, lo indiscutible, lo axiomático, de alguna forma no está diseñado para ser explicado, quizás porque debe ser entendido de forma tácita...

Es como tratar de explicar el porque de no sacarse los mocos en público, la necesidad de lavarse las axilas o los dientes, la pertinencia de peinarse, la inconveniencia de sentarse en medio de la calle en la hora pico, la incongruencia de meterse una toalla sanitaria usada en la boca, entre otras cosas difíciles de explicar...

Es así cómo nos encontramos ante la difícil tarea de explicar porque nuestro presidente incurre en actuaciones impropias y poco éticas al participar en actividades de recaudaciones de fondos para su fundación privada mientras es presidente activo, en lo que es reincidente...

Recordamos con pena aquella entrevista en la que el presidente negó haber recibido fondos para su fundación mientras aun era presidente, en tacita admisión de lo impropio de la acción, y como luego se demostró que sí había recibido estos "aportes".

Pero como la era "post Sun Land" está en su apogeo y el descaro y la desfachatez son comunes en las actuaciones públicas corruptas, a veces tenemos que explicar lo obvio...

Un presidente, responsable de arbitrar diversos posibles escenarios críticos en asuntos de un amplio espectro y quien decide en gran medida quien recibe los contratos y rinde los servicios al Estado no debe solicitar ayudas económicas a empresarios privados. ¿A quien favorecerá el presidente luego ante la crisis? ¿A quien "cooperó" o a quien no "cooperó"? Y el que se "portó muy bien". ¿No se sentirá con derecho a reclamar "consideraciones especiales" luego?

Prácticas deleznables se han convertido en regla, pues la sociedad del relativismo de hoy todo lo banaliza. El "despacho" ése famoso le manda invitaciones onerosísimas directamente a los contratistas del Estado...la "fundación" recibe donaciones cuantiosísimas de las mismas fuentes...los mismos que donaron el "capital semilla"...algunos de los cuales, banqueros prestantes, ahora residen permanentemente en un complejo turístico de San Cristóbal...pero todo eso está bien, porque es para "buenas obras"...el fin justifica los medios...

Chantaje, coacción, extorsión, coerción, cohecho, soborno son solo palabras que ya perdieron el sentido...y nadie dice nada porque todos están comprometidos...

"...Será sancionado con las penas que la ley determine, todo aquel que, para su provecho personal... o prevaleciéndose de sus posiciones dentro de los organismos del Estado... obtenga provechos económicos..."

Art.102 de la Constitución de la república.

Masa crítica. El cambio se acerca...

Noviembre 25, 2009

Hablamos de esperanza, hablamos de cambio, hablamos de fe y siempre con la firme convicción de que el cambio definitivo, -revolucionario-, está cerca...

Entendemos la frustración y el dolor, la impotencia y la irritación ante un sistema profundamente perverso, corrupto, descarado y cínico que nos lleva a la decepción y a la pérdida de la fe...

Entendemos el rechazo por la política y a pesar de esto invitamos insistentemente a nuestros amigos a involucrarse en el proceso. A ingresar a los partidos, a los grupos culturales, a los clubes y juntas de vecinos. A hacer oír sus voces, ¡A efectuar el cambio desde adentro!

Muchos lo han entendido y gracias a ellos nuestra sociedad se acerca a su "masa crítica", como lo describió Ken Keyes Jr. en "The 100th Monkey". Llega un momento en las sociedades en el que suficientes personas adquieren conciencia y el cambio, cual avalancha, se hace inevitable...

La revolución francesa, la independencia de Haití, la separación de las trece colonias de Inglaterra, la abolición de la esclavitud, los movimientos por los derechos civiles, el desarrollo de los derechos laborales y sindicales, el derecho al voto de las mujeres y de los negros, el final de los gobiernos dictatoriales en nuestro hemisferio, la caída del muro de Berlín son todos ejemplos de momentos en los que sociedades alcanzaron sus masas críticas...

Los escándalos de corrupción que nos han lacerado en los últimos años no son expresiones de una sociedad podrida, son más bien expresiones de una sociedad que ya no tolera ese tipo de inconductas...

Es imprescindible entenderlo para no desanimarnos en la lucha, para no perder la fe y para no perder la perspectiva. Como sociedad nos acercamos a nuestra masa crítica...un día simplemente nos daremos cuenta que todo cambió, que nada es ya lo mismo y que nunca volverá a serlo...ese día será el comienzo del cambio...y ese día está cerca...

"Lo único necesario para que triunfe el mal es que los hombres buenos no hagan nada"

Edmund Burke

El maremágnum de las ideas...

Noviembre 22, 2009

Comenzamos a despertar... que emoción nos causa ver que comenzamos a erguirnos... nos ponemos de pie. Tomamos gradualmente, ¡Finalmente! los espacios que nos corresponden y que tanto se nos han negado, comenzamos a reivindicar la condición de sociedad del mañana...

Pero la sociedad que encontramos es compleja. Casi parece una burla del destino. Es una sociedad que ha sufrido el bombardeo incesante de antivalores e ideas disociantes, una sociedad herida, quizás de muerte... una sociedad putrefacta, hedionda, corrupta, purulenta, sofocante...

Y nuestro adversario es terrible... es formidable. Necesitaremos todas nuestras fuerzas y discernimiento, pues cambia de cara a la vuelta de cada esquina... ¡ay de aquel que le subestime!

"...en el mundo traidor nada hay verdad ni mentira; todo es según el color del cristal con que se mira..."

Ramon de Campoamor

"...for there is nothing either good or bad, but thinking makes it so..."

William Shakespeare

Ese es el gigante de nuestro tiempo... nuestro gran, principal y temible enemigo: El relativismo...

Pues las grandes verdades son verdades absolutas. La ley natural no se escribió ayer ni se escribió en otro lugar que lo más profundo de nuestras conciencias y nuestra alma. Siempre hemos sabido que es bueno y que es malo, cuando hemos cuestionado sinceramente nuestras conciencias.

No es tiempo para líderes relativistas que se acomodan a lo que sea conveniente según la "opinión publica", "la percepción", o lo "políticamente correcto", que de eso ya hemos tenido bastante...

El líder que buscamos, ese que estamos llamados a ser; resiste el maremágnum de las ideas de la sociedad actual, es un líder firme cual la roca, no va y viene como las olas del mar.

Es plenamente consciente de sus convicciones. Soporta imperturbable y sereno, equivocado o no, pero seguro de si mismo, el mar de ideas, ideologías y teorías que atentan contra la sociedad que representa, no esa que nos causa repulsión y que estamos llamados a cambiar, sino aquella con la que hemos soñado...

El fantasma de Balaguer

Noviembre 4, 2009

Con preocupación y pena escuchamos a veces a personas, generalmente de edad, añorar los años de Balaguer, extrañar el "modelo económico" de Balaguer y hasta evocar al vil "jefe"...

Los pueblos que no conocen su historia están condenados a repetirla. Esta máxima nos martilla la conciencia y nos quita el sueño.

Un país que no se ha preocupado de educar a su gente ni académica, ni cívica, ni social ni moralmente. Que no ha explicado a sus nuevas generaciones los procesos históricos que han definido su existencia ocupa siempre un lugar privilegiado entre los que se preparan para repetir su historia...

Pero lo que realmente nos causa desasosiego es cuando escuchamos a jóvenes alabar y evocar a un Balaguer que no saben lo que representó y que no se han ocupado de estudiar a fondo.

Es a ellos, compañeros y amigos entrañables nuestros; a los que debemos a veces recordar lo que significó Joaquín Balaguer para la República Dominicana.

Balaguer es el responsable de la perversión de las instituciones públicas. Los buscones y "la búsqueda". Las "soluciones", los nuevos millonarios y la degradación de la función publica. De nombrar a cualquiera en cualquier institución, sin importar sus calificaciones. Del trafico de influencias.

Del clientelismo más atroz. De los apartamentos, fruto de la "bondad" de Balaguer, de las funditas indignas, de la "picarización" del dominicano, de las filas, de los juguetes y de las filas, de empujones y de batallas campales por una dadiva indigna.

De la depravación total de la política. De la compra de conciencias, de "dirigentes", de cedulas y de votos. De los fraudes electorales, de la manipulación, de la campaña sucia, del neo-seudo-nacionalismo vergonzante, del racismo, de la utilización indigna y sucia de los símbolos patrios. De la traición, del "todo vale"...

De la politización, corrupción y putrefacción de la policía y de las fuerzas armadas. De las banderas en los fusiles.

De asesinatos de Estado ...De la banda y sus sicarios...

De la dictadura ilustrada y los muertos, de Amin, Orlando, Sagrario, Caamaño, El Moreno, Flavio, Henry, Otto, Amaury, La Chuta, Mamá Tingó y Narcisazo. De una generación de jóvenes lideres masacrada. 20 años de atraso...

Pero los gobiernos de Balaguer fueron "estables" y "no había tanta delincuencia" y "se comía" y "había mas trabajo" y otras cuasi verdades. Pero la gente, en ese entonces, no pensaba así.

"Todo tiempo pasado fue mejor" dice el dicho, y es natural que los ancianos de mente, los que no sueñan, los temerosos del cambio y del progreso y los retardatarios y retrógrados piensen así...

Lo doloroso, preocupante, escandaloso, frustrante, desesperanzador y decepcionante es cuando los jóvenes, llamados a soñar la sociedad del mañana, llamados a efectuar el cambio, comienzan a pensar así.

Balaguer no es ejemplo para nosotros. Soñamos con mucho más...

Solidaridad maldita...

Noviembre 2, 2009

La República Dominicana es una nación tan insólita, un pueblo tan "sui generis', tan especial y tan desgraciado que a veces la virtud llega a ser vicio...

Los dominicanos son gente solidaria. La solidaridad es parte de la naturaleza y esencia del dominicano...

¿Quién puede negar que los dominicanos sufren con el sufrimiento ajeno? ¿Qué dominicano no ha sufrido un desperfecto en una autopista sin recibir la solicita mano amiga? ¿Quién no sabe del plato de comida que pasa de casa a casa en los barrios? ¿El pesar de la madre que sabe que en la casa contigua no se ha encendido el fogón? ¿Quién no ha reunido alguna ropita, y una que otra latita con algún alimento, -a veces privándose de lo necesario- para ayudar a las víctimas de algún desastre natural?

Y cada vez, tristemente, somos menos solidarios. Cabría preguntarse ¿Por qué? En resumen: Por el abuso...

¿Por qué? Pues porque se ha entendido que el dominicano debe ser solidario y pagar su luz y también la luz del que no paga...

Porque se ha entendido que el dominicano debe pagar impuestos y pagar también todo aquello que se debía financiar con sus impuestos –educación, seguridad, agua, recolección de basura, energía de emergencia, salud, recreación, etc.- para supuestamente financiar una "solidaridad" social que termina siendo un arma de manipulación política y humillación indigna e indignante...

Porque hemos tenido que financiar la seguridad social por un "principio de solidaridad" por el que ahora pagamos más y recibimos menos salud. Porque el Estado no cubrió su parte y ahora tenemos que pagar de nuevo.

Porque el Estado mira con ojos lujuriosos los fondos de nuestras pensiones...

Porque lo que una vez fue un espíritu puro de solidaridad genuina se ha convertido en una solidaridad perversa, una solidaridad maldita que solo nos hace sentir que siendo solidarios no somos más que unos pendejos...

Por eso...

Aborto. Libertad de género y doctrina jurídica.

Octubre 26, 2009

La mujer tiene derecho a elegir sobre su propio cuerpo y tiene derechos reproductivos que le permiten decidir si lo desea, cuando, como y en que condiciones tener sus hijos.

Toda mujer tiene derecho a abortar su feto y el Estado no tiene ningún derecho a entrometerse, pues esta decisión cae en lo que es la vida privada de la persona.

Ni siquiera el esposo y ni siquiera en el caso de una relación legitima y cuando el embarazo es resultado de una relación consensuada tiene derecho el hombre a decidir nada en el proceso. Es la mujer, es su cuerpo quien llevara el embarazo. Nadie más que la mujer tiene derecho a participar en el proceso. Es una decisión entre la mujer y su conciencia.

Correcto. ¿No?

31

Desde el punto de vista lógico y filosófico no lo es. La mujer no tiene derecho sobre su cuerpo. Tampoco el hombre tiene derecho sobre su propio cuerpo. Cuando puede establecerse que una persona es un peligro para si misma, puede ser recluida, aun contra su voluntad, por su propia protección. ¿Por qué? Pues porque nadie tiene un derecho ilimitado sobre su propio ser. El suicidio no es legal. (Aun)

Desde el punto de vista biológico, el producto de la concepción, desde la concepción misma, tiene un código genético individual, distintivo y diferente de la madre, por lo que decir que el producto es parte del cuerpo de la madre, es incorrecto también.

No es el feto la propiedad de la madre. Tampoco del Padre. Los hijos no pertenecen a los padres, porque los seres humanos no son sujetos de propiedad. Es por eso que los padres tienen la guarda. Nunca la propiedad. Un feto no es de nadie.

Desde el punto de vista penal, nadie es responsable penalmente por los hechos de otro. Por infame que sea el crimen, nunca será el hijo responsable penalmente del crimen del padre.

No se resuelve ni se resarce un crimen cometiendo otro.

El argumento del "derecho a elegir" es un argumento falaz, pues esta basado en premisas falsas.

Nadie tiene derecho a elegir lo que esta mal.

Abraham Lincoln

("No one has the right to choose what is wrong")

La pena de muerte...otra vez...

Octubre 21, 2009

La pena de muerte...otra vez...

Ya hemos tratado este tema en el pasado.

Trágicamente, porque desearíamos no tener que hacerlo, el día de hoy sentimos la obligación moral de referirnos de nuevo al tema...

No es que no entendamos la frustración de la población con respecto a una delincuencia que se hace mas irritante por la pobreza y la crisis ahogante adobada por una policía y un sistema de justicia ineficiente, cómplice, sarcástico y mordaz...

No es que no entendamos el argumento de que hay casos en los que "hay que poner un ejemplo"...

No es solo un asunto de conciencia cristiana...No. No es eso...

34

Es que filosófica, pragmática, social, judicial, política y moralmente es incorrecto y contraproducente...

Filosóficamente no puede decirse que matar es un crimen, mientras el Estado mata. El mensaje subliminal es que no es que este mal, sino que solo algunos pueden hacerlo... Simplemente no funciona...

Pragmáticamente es más un problema que una solución. Si usamos a policías para matar. ¿Qué serán luego esos policías? ¿A que se dedicaran cuando ya no sean policías o cuando les falte dinero?...

Es socialmente contraproducente porque la violencia estatal y los asesinatos extrajudiciales generan ira, rencor, desobediencia y desconfianza en el Estado. Es caldo de cultivo para muchas cosas...

Judicialmente es erróneo porque viola el debido proceso y porque aun cuando se respeta, con frecuencia se cometen errores...

Políticamente es equivocado porque no reduce la criminalidad...

Es moralmente incongruente porque la ley natural prescribe desde siempre que matar es indigno del ser humano. Daña a la víctima y al victimario de forma irreparable...

Es esa la razón...

Y entonces ¿Qué pasó?...

Octubre 19, 2009

Nadie entiende cómo es que un joven secuestrado durante 21 días en condiciones primitivas, en una choza y siendo alimentado pobremente pueda aparecer con un aspecto tan saludable, afeitado, recortado y hasta sonrosado...

Nadie entiende cómo unos presuntos secuestradores entregados vivos aparezcan luego muertos en un supuesto intercambio de disparos...

Nadie entiende de un policía gravemente herido en un enfrentamiento -y luego solo tiene un rasguño- tenga una expresión de total desorientación al ser cuestionado sobre un incidente que debía estar muy fresco en su memoria...

Nadie entiende cómo personas apresadas en la vía pública a la vista de todos, de pronto desaparezcan y estén ahora "prófugos"... Nadie entiende un insistente rumor sobre la ejecución de un implicado con un bate y unos cuerpos calcinados que se han encontrado...

La reacción natural de la población ante tantas mentiras es no creer nada. Sin embargo la reacción es exagerada. El análisis criminológico indica que al menos algunos elementos de la versión oficial son reales.

Decidimos proponer una versión criminológicamente mas lógica y creíble. He aquí lo que probablemente paso:

No fue un autosecuestro. El secuestro fue verdadero. Pero tampoco es cierto que el secuestrado estuviera en condiciones paupérrimas. De ahí su aspecto saludable. El rescate probablemente se pagó, aunque se haya recobrado. Es probablemente por medio del rastreo de la entrega como la policía desarmó el secuestro.

La policía, al tanto de que muchos de los secuestradores habían estado involucrados en al menos 4 secuestros anteriores, decidió "poner un ejemplo" y ejecutar a los secuestradores. Es así como "desaparecen" dos implicados — posiblemente unos cuerpos calcinados que se han encontrado- y mueren en un "intercambio de disparos" dos más...

Es, probablemente, lo que pasó...

La conspiración...o "hay unos que nacen fuetes..."

Octubre 14, 2009

Muchos se preguntan, -pues hay que reconocer que es difícil verle el sentido- como es que después de que Leonel Fernández logró un acuerdo que le permitía llevar a cabo su reforma, consintió en que esta se "dañara" y llegáramos a donde hemos llegado...

Leonel Fernández es un gran estratega político. Justo es admitirlo.

Se nos quiso vender una "reforma modelo" con unas consultas y una cumbre -que no se respetaron-. La realidad es que el único objetivo de la reforma era lograr la reelección indefinida... todo lo demás era relleno... "allante y movimiento" dirían algunos...

El cálculo era sencillo. Los votos del PLD+los votos del PRSC (Que con algo de "lubricación" se podrían "persuadir") y algunos votos del PRD (Ver método de "persuasión") y ¡Zás!: ¡Reforma constitucional!!

El problema se suscitó cuando los votos del PRD se complicaron y cuando un grupo de legisladores del PRSC se pasó al PRD la cosa adquirió matices críticos. Es ahí donde viene el pacto Leonel-Miguel.

Pero el pacto era solo una "solución" transitoria. Un "tente ahí" hasta "El retorno del líder" – en el 2016, cuando podría practicarse la reforma deseada. Esa era el plan. Es ahí cuando Leonel tiene la idea. ¿Por qué esperar? ¿Por qué no lograr una mayoría aplastante en el 2010 con la ayuda de unos 1700 millones de dólares del FMI y 1000 millones de dólares de bonos soberanos?

Solo queda un punto. ¿Como se garantizaría la 'apertura' de la población a una nueva reforma el año que viene? ¡Pues "dañando" la reforma actual! Incluyendo tantos errores, horrores y aberraciones que la población prácticamente la "reclamara"...El pueblo reclamaría su propia maldición sin proponérselo...no sería la primera vez...ya una vez reclamó al jefe...

...y hay otros que nacen nalgas...

La "desobediencia civil a la constitución"...

Octubre 13, 2009

Desde que oímos de la llamada 'desobediencia civil' a la constitución debemos admitir que nos quedó un mal sabor en la boca.

Simpatizamos vivamente con muchas de las personas que participan en la iniciativa. Apoyamos totalmente a esos jóvenes que han decidido involucrarse en el proceso político. Tenemos grandes amigos en el movimiento. Es por eso justamente que debemos poner algunas ideas en perspectiva.

Lo primero es que desde el punto de vista meramente objetivo, no puede hablarse de 'desobediencia civil' a una ley sustantiva. Solo las leyes adjetivas pueden ser propiamente objeto de 'desobediencia civil'. La constitución es una declaración de principios. Eso y solo

43

eso. Es la columna en base a la cual se moldean y se ajustan las leyes especificas o adjetivas, las cuales si pueden ser objeto de desobediencia civil. Para 'desobedecer' tiene que haber una orden. Y la constitución no da órdenes. Es por eso que tampoco plantea penas. Aclaración de orden.

La segunda objeción es con respecto a que el sistema democrático tiene sus procedimientos y sus formas. Estamos en desacuerdo con muchos de los puntos que se han aprobado en la reforma que se lleva a cabo. Pero la 'desobediencia' no es una de las formas legales de objetarlos. Nos explicamos: Nos desagrada en extremo el actual gobierno, pero no por eso apoyaríamos un golpe de Estado. La 'desobediencia' es una suerte de golpe de Estado.

El tercer y último punto que deseamos recordar a nuestros amigos, es que el camino de la 'desobediencia civil' es un camino sumamente peligroso. Si nosotros entendemos lícito desconocer la constitución, una vez aprobada -producto de un proceso legal- y violando de paso la constitución misma y las leyes- ¿Qué nos diferencia de aquellos a los que tanto hemos combatido, precisamente por violar las leyes vigentes y la constitución?

No, amigos y hermanos. El Estado de derecho es frágil y depende de que todos —Gobierno y ciudadanos- respetemos las leyes y utilicemos los mecanismos legales y legítimos. La 'desobediencia civil' es un camino incorrecto, ilegal, ilegítimo, infructuoso, trunco y sumamente peligroso...

El aborto.

Octubre 6, 2009

El aborto es la interrupción de un proceso. Es interrupción de la vida. Es el desarrollo imperfecto, es no llegar a ser funcional. Es una empresa fallida. Es producir algo particularmente imperfecto, extraordinario, monstruoso o abominable. Es frustración, es sufrimiento, es desesperanza. Siempre es fracaso...

Se hicieron unas "consultas populares" y luego una "cumbre". La mayoría entendió que la constitución debería ser modificada por asamblea constituyente. La reforma se hizo por asamblea revisora...frustración...

La mayoría está en contra de la reelección. Se modifica la constitución vigente para crear un mecanismo de reciclaje continuo y reelección indefinida encubierta por un engañoso "periodo de descanso" fuera del poder...desilusión...

Las garantías obtenidas en una constitución anterior y que permitieron demandas en inconstitucionalidad y expusieron escándalos de corrupción se han perdido...desesperanza...

El derecho a disfrutar de nuestras playas se ha perdido en pos de un supuesto derecho de propiedad que nadie entiende, pues la constitución actual prohíbe la propiedad en las costas y playas...el empresariado glotón sonríe...perdió el pueblo...

¿Independencia del ministerio público? Bonita idea...rechazado...

¿Y que son los "derechos difusos y colectivos" que dizque se perdieron? Una nadería. Algunos ejemplos: 1.-Derecho a la conservación de nuestros valores culturales e identidad nacional (¿Haití?); 2.-Derecho a una administración pública honesta y transparente, (¡Sorpresa!); 3.-

Derecho a acceso a las fuentes de agua, (¿Cementera?), a la competencia leal y a los derechos del consumidor... Una verdadera monstruosidad...

Se ha interrumpido un proceso de avance institucional iniciado en el 1994...Se ha impedido que órganos e instrumentos ya funcionales, como el recurso en inconstitucionalidad, sigan funcionando. No se ha logrado un producto progresista y reivindicativo.

Lo que tenemos es algo particularmente imperfecto, monstruoso, abominable...nos llena de frustración, de congoja y de desesperanza...

Si buscáramos una palabra que definiera adecuadamente nuestra situación sin duda podríamos decir que la reforma ha sido un aborto...

¿Qué habría pasado en una democracia?

Octubre 2, 2009

Ya sabemos lo que pasó. El presidente tomó un préstamo sin autorización del congreso. El dinero se perdió, pues era para financiar unas obras que están paralizadas por falta de fondos, a pesar de que también estaban en el presupuesto....

Una persona es detenida por pilotear una avioneta sin plan de vuelo –traza- acción típica del narcotráfico...Se requisa la nave y se encuentran 600,000 dólares en efectivo. El caso toma un giro inesperado... ¡el piloto es hijo de un juez de la Suprema!... La fiscalía no presenta cargos y hasta se devuelve la avioneta...

La suprema retrasa el conocimiento de un caso 'para no afectar políticamente a una parte en el proceso' y eventualmente 'evacua' una sentencia que dice y no dice, que reconoce inconstitucionalidad pero rechaza otorgar calidad por 'falta de interés'. (Algunos inocentes creen que los fondos públicos son interés de todos) Caso cerrado...

Pero hoy es viernes y queremos 'botar el golpe' y soñar un poco... Nos preguntamos ¿Qué habría pasado en una democracia?

El cuento comienza igual. El presidente toma un préstamo sin autorización del congreso y los fondos tienen un fin incierto...

El caso llega al conocimiento público y el congreso —de oficio- inicia una investigación profunda del caso. Se descubre que efectivamente se tomó un préstamo sin su autorización...

La cámara de diputados presenta una acusación contra el presidente de la republica según lo establece el artículo 26 de la constitución, con el voto unánime de sus miembros...

El senado recibe la acusación, conoce el caso y decide, de forma unánime, destituir al presidente de la republica por violación flagrante de la constitución, según el artículo 23 de la constitución. La asamblea nacional juramenta al vicepresidente, según el artículo 36 de la carta magna...

El procurador general de la republica ordena el arresto del presidente de la republica y del director de la oficina de ingenieros supervisores de obras del Estado y presenta cargos de desfalco -artículos 171 y 172 del código penal- ante la Suprema Corte de Justicia...

El caso es conocido de forma expedita, -el escándalo público es grave- y luego de estudiar un expediente cargado de pruebas contundentes, categóricas e irrefutables se emite la sentencia: 10 años de reclusión... pena máxima...

Pero eso habría sido en una democracia...

¿Que es el retroceso constitucional?

Septiembre 30, 2009

Mucho se ha planteado sobre un supuesto retroceso constitucional planteado en el artículo 30 de la constitución que instituye la protección de la vida desde la concepción.

En realidad, la diferencia con la constitución vigente es mínima, pues la misma también plantea la protección a la vida, planteando que la pena de muerte nunca sería admitida.

Si consideramos que el código penal vigente condena el aborto deliberado (No el aborto indirecto en casos de necesidad como se ha querido vender) entonces podemos entender que no ha habido cambios sustanciales en la legislación.

Lo que se arguye es que en la constitución vigente no se habla específicamente de aborto. Noticia de último minuto para algunos: tampoco la constitución nueva habla de aborto. Para los casos de estado de necesidad seguirá lo que hasta ahora ha sido lo permitido por los protocolos médicos legales: Salvar a la madre, aun a expensas de la vida del bebe, si es necesario.

Es el mismo caso de la legítima defensa. La constitución vigente protege la vida y sin embargo en caso de legítima defensa no hay delito ni crimen. ¿Contradicción? ¡Por supuesto que no! Eso lo saben todos los que conocen los fundamentos del análisis jurídico básico. ¿Por qué no? Por dos razones: Estado de necesidad es uno. El otro es que en la acción para la conservación de un bien jurídicamente protegido (la vida), no puede cometerse un crimen. Sólo a los incautos, los ignorantes, los manipulables y los tontos se les puede vender algo así. Admitimos que muchos de los anteriores han entrado en la campaña de buena fe, pero eso es otro tema. Punto final.

Ahora cabe preguntarnos. ¿Qué sería un verdadero retroceso constitucional? Tenemos un ejemplo inmejorable.

En el día de ayer se eliminó el derecho que tiene un ciudadano para reclamar la inconstitucionalidad de cualquier ley, decreto, reglamento o disposición contraria a la constitución si no puede demostrar un 'interés legitimo'. ¿Qué significa esto?

Legalmente significa que un derecho adquirido en una modificación constitucional anterior y que ya había sido reconocido jurisprudencialmente y ejercido en múltiples ocasiones, se ha perdido. ¿Por qué? Pues porque en el caso de la Sun Land todo salpicó muy cerca al presidente de la república. Sus 'aliados' en la Suprema Corte de Justicia se inventaron el 'mamotrético' argumento de que los reclamantes no tenían 'calidad' y a pesar de reconocer en la sentencia la violación flagrante –para salvar en algo la vergüenza- rechazaron el recurso.

Es por eso que ahora se constitucionaliza el estúpido argumento, como un reconocimiento a posteriori de que la constitución anterior si permitía el recurso y convertía a nuestro flamante presidente en sujeto de la ley. (Sub-judice)

Veamos. Como el derecho existía y había sido ejercido antes del caso Sun Land, con la eliminación ahora del referido derecho se pierde un derecho que ya se tenía.

Eso es retroceso constitucional...

La lucha no ha acabado...solo es el principio...

Septiembre 29, 2009

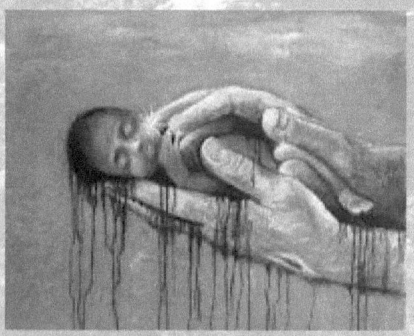

La lucha no ha acabado...solo es el principio...

Muchos agradecen el 'fin del debate' por la aprobación del artículo 30. Muchos han sentido que todo acabó y que los esfuerzos y vigilias rindieron su fruto... quienes confían se equivocan...

Los que pagaron anuncios insistentes y extremadamente costosos no cederán tan fácil...

Los que pagaron pasajes a Europa, alojamientos y gastos a "especialistas" y "legisladores" locales, no cederán...

Los que mezclaron aborto terapéutico con violación, incesto y hasta con derecho a decidir no cederán...

Los que utilizaron estadísticas falsas que nadie sabe de donde salieron y que no es posible citar con fuentes, seguirán utilizándolas y seguirán convenciendo incautos...

Los que anunciaron el Apocalipsis si se aprobaba un artículo que no cambiaba en nada la legislación vigente y que no representaba ningún cambio al status quo, ordeñando al máximo la ignorancia aberrante de nuestro pueblo, no se irán ahora con el rabo entre las piernas...

Los que consiguieron el 'favor' de 'médicos' que se convirtieron en activistas en Pro de la violación a su juramento profesional no cederán tan fácil...

Los que planean experimentar con embriones humanos, y producir células madres embrionarias para desarrollar medicamentos, no cederán…

Los tontos útiles que se oponen al maltrato a los animales mientras apoyan que se utilicen embriones humanos para experimentación, seguirán siendo tontos y seguirán siendo útiles…

Los tontos útiles que creyeron que los médicos no podrían salvar la vida de la madre como han venido haciéndolo, como lo hacen y como seguirán haciéndolo, seguirán siendo tontos y seguirán siendo útiles…

Los tontos útiles que no distinguen entre 'aborto terapéutico', aborto electivo en casos de violación e incesto y aborto libre, no dejaran de ser tontos ahora y definitivamente seguirán siendo útiles…

Los tontos útiles que sudaron la gota gorda marchas en la que no cobraron un centavo mientras se acompañaron por personas que si han cobrado muy bien 'sus servicios' seguirán siendo tontos y seguirán siendo útiles...

Los cobardes que no se atrevieron ni se atreven a un debate abierto sobre el aborto y que se escudan en la "vida de la madre", seguirán escudándose en una vida que nunca les ha importado...

El dinero seguirá fluyendo. Las marchas seguirán. Los intentos seguirán. El debate volverá con el nuevo código penal y la constitución no durara muchos años sin ser modificada de nuevo...

No, la guerra no ha terminado... lo sabemos...

Lucha... ¿contra la corrupción?...

Septiembre 8, 2009

Los últimos cinco años han sido de ardua batalla contra la corrupción. El DPCA tiene una trayectoria verdaderamente brillante...

Víctor Céspedes, acusado por una acción que la ley específicamente permite... descargado...Gral. Virgilio Sierra Pérez... acusado por 'la distracción de unas turbinas'... descargado... Eligió Jaquez...sometido por el caso de los invernaderos... se les 'olvido' que Eligió no era secretario en el momento de las asignaciones...un detallito, una nadería... descargado... al menos 3 veces...

...Cesar Sánchez...sometido por 'distraer' (robarse) mas de mil millones...el dinero fue transferido a la CDEE y la CDEE lo transfirió de vuelta...pero eso es solo un detalle...además el dinero que devolvió no fue el mismo que recibió (Si, también eso fue parte de la 'brillante acusación')...descargado unas 3 veces...quien lo manda a hablar de los millones de FUNGLODE... Pepe Goico... ¡Ese si! Se habló de extradición y se le arrestó con gran aparataje... Descargado por falta de pruebas... ¡malditos jueces! ¡Protegen a los corruptos! Nadie sabe porque no lo condenaron pues esta claro que "Ese Pepe es un tiguere malísimo"...(¡No había pruebas pero pedir eso es una necedad!)

Louis Malkoum, Félix Calvo, etc....acusados de 'distraer' (Robarse) más de 10,000 millones...Alguien debe decirles a los 'ilustres juristas' del DPCA que un pagare no ejecutado no es dinero... ¿Cómo así? Dijo uno...bueno, en la UASD no se puede ir a clase todos los días. ¿Verdad Hotoniel?...el hecho de que algunos de los sometidos no eran funcionarios del BC al momento de los hechos es 'pecata minuta', se le pasa a cualquiera...el Banco Central se desliga del caso…El DPCA valiente proclama que seguirá el caso…

Y ahora como diría el narrador de Batman…"mientras tanto, en otro lado de la ciudad…"

…RENOVE termino con un indulto presidencial… Ángel Lockward es sacado del caso de los bonos de gas (a los pendejos los dejaron en el caso)… El presidente es clemente con sus aliados…

…BANINTER…después de muchos 'jalones' de moños se tuvo que dar seguimiento al caso…Que mal…Luego de que el líder dijo tantas veces que no hubo fraude…y diez años en Najayo…

…El PEME acaba con retiro de la acusación… Felucho se burla del congreso… La Suprema Corte malpare una sentencia que dice y no dice en el caso Sun Land… se humilla a la gente seria como Bidó Medina… dice el DPCA que el nepotismo no es corrupción… cientos de expedientes engavetados…y ningún peledeísta sometido...a pesar de los cientos de denuncias...

...Lucha... ¿contra la corrupción?... ¿Será por eso que ya se han 'jondiado' del puente 4 en menos de un mes?...

El mamotreto...

Septiembre 1, 2009

Ya en el pasado hemos analizado y ponderado la 'gran capacidad jurídica' del flamante director del departamento de persecución de la corrupción administrativa (DPCA), Hotoniel Bonilla.

Aquella vez fue en torno al escandaloso caso de corrupción administrativa presentada contra Radhames Segura, confeso nepotista a quien Hotoniel no 'pudo perseguir' por falta de figura jurídica adjudicable a ese delito. En el día de hoy se trata del "mamotreto". Recurso con el que se destapo hace una semana el brillante representante del ministerio público y que, cosa rara, ha caído en un súbito e inesperado limbo ensordecedoramente silente...

Veamos: Se acusa a las anteriores autoridades del Banco Central de "distraer" algo mas de 10,000 millones de pesos, desfalco, asociación de malhechores, etc. , por la 'desaparición' de unos pagares del caso Bancredito de la bóveda del Banco Central.

En primer lugar alguien debería explicarle al director del DPCA que una garantía documental, como es el caso de una nota promisoria o pagare, si no ha sido ejecutada, no es dinero. Por lo que difícilmente podría acusarse a alguien de distraer dinero por la sustracción de un pagare no ejecutado.

También seria bueno que el director del DPCA explicara cómo es que somete a alguien por la sustracción de unos pagares que no están perdidos. Pues estuvieron en la caja fuerte de un director de aduanas fallecido hace poco (Y ese es otro tema que seria bueno abordar en otra ocasión, pues no se entiende que ese 'honorable' guardara este tipo de documento de forma patentemente irregular) Además, Arturo Pellerano, que los tiene, admite que los tiene.

Habría que entender cómo es que las autoridades que sometieron a ese banquero, miembro de unas de esas 'familias prominentes' e intocables de este país, -ganándose de paso su enemistad eterna -pudieran también confabularse con él, para que llegaran a su poder los referidos pagares. Un problema de coherencia y de móvil.

También sería interesante investigar si el director del DPCA sabe que algunas de las personas que acusa no era ya directivos al momento del suceso de algunos de los hechos que se imputan.

En su acción inexplicablemente torpe tampoco se percató de que perturbaba unas oscuras negociaciones que se han estado llevando a cabo entre el gobierno y Pellerano desde hace ya un tiempo.

La verdad es que ante las declaraciones de Hotoniel Bonilla en el caso de Radhames Segura creímos que no escucharíamos una burrada jurídica de proporciones similares en lo que le quedara en el cargo. El amigo director del DPCA sigue superando nuestras expectativas.

Bitácora de un neo-pseudo-revolucionario...

Agosto 20, 2009

Bitácora de un neo-pseudo-revolucionario

05:00 Me levanto. Un buen revolucionario se levanta temprano.

05:30 Me bebí el cafecito de la vieja. Aunque lo venden los perros burgueses capitalistas explotadores, lo producen los campesinos explotados, miembros de honor de nuestra clase, etc. Etc.

07:00 Pedirle a la vieja el pasaje. Un verdadero revolucionario no se doblega con un trabajo en el que entregue su labor a un explotador que se lucre de la plusvalía generada por nuestro sudor. Como la vieja consiga los chelitos es irrelevante. La revolución no nos deja tiempo a pensar en todo...

08:00 Coger un carrito publico para la UASD. Respirar el aire en el camino mientras medito sobre la revolución, las reivindicaciones, el imperio yanqui, etc. Me nutro y me lleno de la idiosincrasia del pueblo que brota cual fuente inagotable en las conversaciones que se dan en el carrito...

09:00 Llego a la UASD. Me dirijo al local. Coordinamos las acciones y el plan contra el rector, representante de la oligarquía y del gobierno. Alguien me menciona algo sobre la clase de las 7:00. Hummm...... ¿Cuándo asistí por ultima vez? Quizás debería pasarme por allí un día de estos...

10:00 Ronda por las aulas anunciando la próxima marcha.

11:00 De vuelta al local. Discusión sobre las informaciones de "inteligencia" que nos dan cuenta del seguimiento que esta dando la policía a nuestros lideres y dirigentes. ¡Maldito gobierno represivo!

12:00 Almuerzo en el comedor de la UASD.

01:00 Bajamos al local de la "Fuerza". El camarada Narciso nos invito a una charla que tienen con un invitado venezolano y dos cubanos. Unas verdaderas eminencias.

02:00 Charla.

05:00 Bajamos a "la zona" a juntarnos con unos camaradas. Nos encontramos con unas camaradas feministas. Compartimos. Nos hablan de sus acciones. Estuvieron en el congreso defendiendo el derecho "a elegir". Nos hablaron de sus planes de "tomar la feria". Apareció un azaroso hablando disparates: "que el muro cayo", "que Narciso es un burgués disfrazado", "que somos unos vagos que tenemos mas de 15 años estudiando una carrera de 4" y otras pendejadas típicas de pequeños burgueses vendidos. Siempre lo mismo. Le dimos una carrera que no quedo con ganas...

07:00 Fuimos a escuchar un poco de trova, poesía revolucionaria y una tertulia sobre los avances del socialismo y la "izquierdización de Latinoamérica" en casa de un camarada amigo de 'la zona'. Y muchos que creen que el socialismo murió...será que no saben nada del camarada Chávez...y de Lugo y de Evo...malditos ignorantes...la maquinaria mediática capitalista...nos brindaron bollitos...ya las lombrices estaban fuñendo...hoy no nos dio tiempo de volver a la UASD para la cena...

10:00 De camino de vuelta a casa, conversaba con los amigos de todo el 'trabajo' que estamos haciendo construyendo la revolución...el pueblo se comienza a hartar...ya no quieren saber de los partidos...el tiempo se acerca. Debemos estar preparados...me llego a la mente el azaroso ese...dizque mas de 15 años...tengo solo 8 y ya casi termino...solo me faltan 4 semestres...pequeños burgueses...se sienten tan cómodos...

11:45 Llego a casa. La vieja me guardo cena. Dos ruedas de salami y medio plátano. Papá esta acostado. Mamá me dijo que le dio una 'sobada' porque llegó con dolor de espalda...Papá no entiende nada de nada. No sabe de la revolución ni lo que viene... ni la lucha...me acuesto yo también...mañana será otra día y la revolución no espera...

Educación en la justicia...

Agosto 18, 2009

Educación en la justicia...

Recientemente hemos sido testigos de una situación que da vergüenza ajena; y es que al recordar lo que nos inculcaron los maestros y maestras en la universidad sobre lo que es educación, no nos queda más que bajar la cabeza abochornados...

¿Cómo olvidar el discurso de que sólo la educación nos hacia libres y nos habilitaba para transformar nuestro futuro? ¿Qué de aquella regla de que la educación debía tener significado para el educando y que era éste el centro de la misma?

Es penoso ver como aquellos que están llamados a defender el derecho de los estudiantes lo vulneran de forma vil, sólo por no aceptar su propia falta.

Hagamos memoria:

73

Primero nos dijeron que era imposible hacer fraude en las pruebas nacionales (De más tenemos sabido que desde sus inicios las pruebas han estado plagadas de fraudes, pero ese es otro tema...)

Luego nos dicen que identificaron a los responsables (Empleados y funcionarios de la misma Secretaría de Educación). Personas que se lucraron proveyendo los resultados de las pruebas a estudiantes que en muchos casos ni siquiera entienden que hay otras opciones, pues el negocio también adopta facetas extorsionistas...

De ahí vino la sanción –severísima-, a los más débiles y sin pruebas mas allá de conjeturas, coincidencias y pruebas circunstanciales...

Ante las quejas, pasamos a la tozudez y al "...no hay apelación que valga...", al "son los estudiantes que tienen que probar su inocencia" pues al parecer en el mundo del secretario de educación se es culpable hasta demostrar la inocencia y la carga de la prueba corre a cargo del acusado.

Fue entonces que caímos en la "flexibilización" ante un recurso de amparo que puso al desnudo un proceso evidente y groseramente arbitrario, injusto y carente de pruebas... todo un sistema perverso que castiga la excelencia, pues parece que sacar buenas notas esta proscrito...(Y es el caso de muchos de esos estudiantes, conocidos por sus buenas notas y que cayeron en el "perfil" que medalaganariamente creó la secretaria "de educación")

¿Nos estamos volviendo locos? ¿Será que el deseo de algunos de no dar su brazo a torcer o de no admitir su error es tan fuerte que los lleva a lo irracional? ¿Será acaso que las pruebas están diseñadas para que los estudiantes reprueben? Porque de otra forma ¿Cómo explicamos que una buena nota sea razón de sanción?

La educación es definitivamente la salvación de nuestros pueblos, pero una educación arbitraria, tirana, dictatorial y desfasada simplemente nos atrasa aun más. Ojala que la razón se imponga y lo que los "maestros" han negado sea impuesto por los jueces. Que no dejemos que algunos retrasen el futuro de estos, que al fin y al cabo es el futuro de todos.

Que buen par...

Agosto 12, 2009

El Lunes, al leer la columna de Adriano Miguel Tejada, no pude sentir más que pena y vergüenza ajena...

Adriano, cubierto con la bandera nacional, la emprende, con una furia patriota contra el "imperialismo yanqui". Contra el imperio odioso e infame que mancilla nuestra 'soberanía' al financiar, por medio de agencias como USAID a organizaciones sin fines de lucro como Participación Ciudadana para que lleve a cabo "campañas de moralidad y contra la corrupción"...

En su ira santa, el cruzado de la patria llega a insinuar que grupos como "la revuelta, la multitud y 'toy jarto", compuestos por jóvenes desinteresados y verdaderos patriotas, están "muy bien aceitados con fondos públicos estadounidenses" o en el mejor de los casos, que son "tontos útiles". Elija usted su opción...

Haciendo memoria nos cuesta recordar cuando Adriano ha adoptado posiciones tan genuinamente patriotas. No pudimos recordar un caso, pero debe ser por nuestra mala memoria...dicen que "nunca es tarde si la dicha es buena..."

Lo que si nos causo verdadero desconcierto y confusión fue la preocupación de Adriano por "los fondos públicos estadounidenses". Lo decimos porque trabaja en un diario propiedad de un banquero corrupto condenado por robarse miles de millones de pesos...de ahorrantes y del Estado...

Nos preguntamos porque le preocupan más a Adriano los fondos públicos estadounidenses que los dominicanos. ¿Cree Adriano que olvidamos de que los diarios viven de la publicidad estatal desde que comenzó el gobierno virtual y mediático del PLD? ¿Qué no vemos como los grupos económicos los utilizan como arma mediática? ¿Qué no nos damos cuenta de cómo 'crean opinión pública', manipulan y tergiversan? ¿Piensan que ignoramos que es gracias a esos 'Yanquis' y a la presión –apropiada o inapropiada– que ejercieron, que los banqueros delincuentes recibieron condenas?

Solo nos queda pensar en que Adriano, al hacer insinuaciones rastreras sobre una generación novata, pero apasionada, motivada, decidida, resuelta, entregada y aun impoluta solo muestra hasta donde llega el descaro...

...hay que tener un buen par...

¿Qué es ser revolucionario?

Agosto 10, 2009

¿Qué es ser revolucionario?

Nos preguntamos hoy, quizás por ver que tantos jóvenes de diversas clases y extractos sociales, finalmente se interesan por las causas que realmente valen la pena, cual es el significado de "ser revolucionario"...

¿Por qué? Pues porque revolución es cambio y la sociedad de hoy no es la sociedad de hace 30 o 40 años. Y al ver a tantos jóvenes que abrazan causas legítimamente revolucionarias, también vemos muchas actitudes, poses, vocablos, personajes y tintes que ya son obsoletos, pero que permanecen como mancha indeleble de una revolución fracasada que intenta revalidarse atrapando a esos jóvenes que tienen hoy una oportunidad genuina de que su revolución triunfe.

¿Qué es, pues, -hoy-, ser revolucionario?

80

Es creer en la familia, admirar y respetar a los padres y a los mayores...

Es no fumar, no usar drogas, no consumir alcohol...no esforzarse tanto por "integrarse"...es no ceder a la presión de grupo...

Es no tatuarse (...ya todo el mundo tiene uno...)

Es no necesitar vestirse como un mamarracho...ni 'hanguear' en la zona colonial...

Es no ponerse una boina, ni una camiseta del Che...no es apoyar a los homosexuales...

Es no andar con una mochilita de las que hacen los peruanos del Conde...ni pararse en la feria del libro a dar un 'show' con un megafono...

No es escribir poemas que no riman ni hablar de 'proletariado' y otras pendejadas...

Es creer que los aretes son un accesorio femenino...

Es aspirar a una familia estable y unida...y cumplirlo...

Es no ver el divorcio como una opción...es

respetar al conyugue...y amarlo...y entregarse en cuerpo y alma... Es creer en Dios...es tener fe y vivirla... Es creer en el individuo al servicio de la comunidad y no viceversa... Es no ser esclavos de la moda...es no ser vanos...es amarnos pero no rendirnos culto...es no creernos dioses.... Es no necesitar estar en todos los conciertos, "rave parties"...es no hacer lo que se hace allí...es no tener que ir a cada tienda o restaurante nuevo que se abre... Es no saber lo que esta "in"... Es no importarle a uno que esta "in" Es no ser apático, es preocuparse de las realidades sociales y políticas,...es involucrarse en el proceso... Es ir mas allá de las protestas con carteles y llevar la acción constructiva a las comunidades...es proponer...es poner los pies sobre la tierra y palpar la realidad...es crear...

Es entender que las reivindicaciones sociales pueden exigirse y se puede luchar por ellas sin ser comunista...es comprender que el tiempo de Narciso paso… y que su discurso es ridículo y risible…

Es no hablar de "yanquis" si no se esta hablando de pelota…es renunciar a la lucha contra el "imperialismo"…

Es creer en los derechos de la mujer sin llegar al lesbianismo, a la ridiculez, a matar la caballerosidad, a masculinizar a la mujer, a dañar el romance y el galanteo y a alienar el rol de la mujer en la familia…sin destruir la familia…

Es trabajar y producir, y disfrutar los frutos de ese trabajo sin sentimiento de culpa…

Es dar al mendigo sin llegar a la racionalización deshumanizante que justifica no ayudar…

Es ser solidario…es ser amigo…es decirle al amigo cuando esta equivocado…

Es conocer al vecino y no temer a hacer un favor…

Es disentir sin odiar…es escuchar y admirar y apreciar la disensión…es entender que la democracia consiste en eso…es no ver las cosas diferentes cuando estamos en una posición de poder…

83

Es aceptar, vivir y predicar con orgullo los valores recibidos de nuestros padres...
Es renunciar cuando no podamos seguir siendo quienes somos...
Es ser moral, es no creer que la moral es relativa...es entender que los valores humanos fundamentales son inmutables...
Es no robar los dineros públicos...
Es respetar la vida humana...es no tergiversar...es no manipular y no abusar de la ignorancia...
Es dar un ejemplo positivo a nuestros hijos...es enseñarles a ser diferentes...a ser revolucionarios...
Es no temer a las canas y vivir con dignidad cada etapa de la vida...
Es no abandonar al compañero de juventud cuando los años muestren su mella...
Es ser decente, honorable, noble, digno, es ser fiel...

Es ser ejemplo y paradigma, es ser orgullo de nuestros hijos y héroes para nuestros nietos...

Es llegar al final del camino sin remordimientos, sin culpas...mirando con alegría a nuestros hijos...con la certeza de haberles legado la libertad de ser diferentes, la comprensión de que solo quien no se preocupa por ser diferente puede llegar a serlo...la capacidad de ser verdaderos revolucionarios...

La policía y los encapuchados. ¿Qué tan pendejos somos?

Julio 22, 2009

La policía y los encapuchados. ¿Qué tan pendejos somos?

En los últimos días hemos escuchado con insistencia la versión de que "encapuchados" infiltran las protestas populares y los resultados son manifestantes, ciudadanos comunes e inocentes muertos.

La policía, como regla general y previo a toda investigación, culpa las muertes a estos "encapuchados" (Se han llamado también en el pasado "incontrolables", "banda colorá", etc.)

Lo interesante es que estos "encapuchados" siempre agreden a las masas a las que supuestamente pertenecen. Primer problema.

El segundo problema consiste en el principal punto desde el punto de vista criminológico: El móvil. ¿Quién gana? Muchos dirán que la oposición, pues el gobierno se "desacredita". Además de que nadie que tenga algo de credibilidad se atreve a afirmar esto, con un gobierno tan indolente como este, ese no es un buen móvil. Lo que si es cierto es que este gobierno se ha caracterizado por una excesiva irritabilidad y una hipersensibilidad violenta contra las protestas. Son alérgicos a las protestas y ya hemos visto como numerosas manifestaciones PACIFICAS, han sido agredidas por la policía, que en algunos casos han llegado a acciones verdaderamente bochornosas, como la aspersión de materias fecales sobre manifestantes.

Parecería mucho más lógico que un gobierno con estas características, incursionara en la formación de estos grupos de "encapuchados", con el fin de amedrentar a los manifestantes. La fallida mediación del jefe de la policía en una de las últimas manifestaciones que acabo con muertos y heridos, apunta también en esta dirección.

El tercer punto viene a reforzar nuestra hipótesis. Y es que los famosos "encapuchados" fueron capaces de accionar en un pueblo tan pequeño como Bonao y salir impunemente, a pesar de la presencia de un contingente de agentes SWAT, que aparentemente, no solo los dejaron accionar, sino también escapar campantemente.

El cuarto punto es el relativo a la coherencia de acción. En el día de ayer la policía somete a un agente por asesinar a un joven en Capotillo. El otro joven parece haber sido asesinado por otro agente que todavía no se identifica. Todo esto en la gestión de un jefe de la policía conocido por sus hazañas contra los jóvenes de San Francisco de Macorís.

Todo apunta en una dirección. Los incontrolables han vuelto. La pregunta obligada es ¿Lo permitiremos nosotros de brazos cruzados?

¿Por qué será que los reivindican?

Junio 10, 2009

¿Por qué será que los reivindican?

Cuando en el 1978 Joaquín Balaguer salio del poder era considerado una lacra. Después de una cuasi dictadura de 12 años y de unas elecciones en las que el pueblo se levanto y saco del poder a pesar del fraude, de la violencia y del miedo a un presidente que conculco los mas básicos derechos del pueblo, no faltaba mas...

Cuando en 1982 el PRD volvió a ganar las elecciones se veía claro que las posibilidades de que Balaguer volviera al poder eran nimias. Increíblemente, un mal gobierno, adobado con crisis económicas internacionales y luchas internas dentro del PRD, que apoyo en parte a los enemigos del PRD, lograron reivindicar a Balaguer y tuvimos que sufrir 10 años mas de balaguerismo.

Asombrosamente, los malos gobiernos del PRD y del PLD han logrado lo que nunca hubiéramos pensado. Que hoy en día, con Balaguer muerto hace tiempo, la gente añore los gobiernos represivos – pero con cierta seguridad- y corruptos – pero estables económicamente.

Parecería que los dominicanos somos especialistas en reivindicar a figuras indeseables de la política.

Cuando en el 2004 Hipólito Mejía salio del poder, luego de una manipulada y monstruosa campaña mediática parecía que había salido del poder el peor presidente de nuestra historia.

Hoy, a 5 años de la salida de Hipólito Mejía del poder resulta que:

Hipólito era un visionario que pensó en aumentar la producción por medio de invernaderos cuando nadie pensaba en eso. Que de haberse seguido su programa ahora estaríamos produciendo toneladas de alimentos y millones en divisas. El

91

gobierno del PLD ha tenido que reconocerlo y reemprender el programa, con lamentables e innecesarios retrasos que resultaron ser políticos. Hipólito fue un valiente, que enfrentando un fraude que tenia más de 14 años, metió presos a miembros de las familias más prominentes del país y salvo el sistema financiero que de otra forma habría colapsado. Los que criticaron el salvamento han tenido que esconder el rabo entre las piernas ante el ejemplo que dieron los Estados Unidos y los países de Europa al salvar todo género de instituciones por el riesgo sistémico que no hacerlo comportaba. Los que hablaron de otra cosa tuvieron que tragarse el orgullo y continuar los procesos penales. Los procesos contra Eligió Jaquez, Cesar Sánchez y Víctor Céspedes eran políticos, por ser cercanos a Hipólito. Los tribunales han rechazado tales recursos infinidad de veces.

Los bonos soberanos no eran tan malos, pues los peledeísta ya han tomado más de ellos que Hipólito.

Las deudas y prestamos no eran malos, pues ya el PLD sobrepaso en mucho al PRD.

La recompra de las EDES no fue un error, pues el PLD acaba de comprar EDEESTE. Con el agravante de que Hipólito es mas coherente, pues el siempre critico el proceso mientras el PLD fue quien lo hizo. Lo cual indica una falta de certeza sobre el rumbo.

Si consideramos que Hipólito ha sido rehabilitado por la nueva constitución. No nos queda sino preguntarnos. ¿Es que Hipólito es tan bueno o es esta nuestra más reciente reivindicación de un líder político indeseable?

La batalla por el aborto...

junio 10, 2009

Hace unas semanas libramos una batalla contra el aborto durante los debates para la aprobación del articulo 30 de la nueva constitución.

A pesar de la presión mediática, que apoyo y apoya de forma abrumadora el aborto y que se encargo de satanizar a los grupos cristianos y principalmente católicos (Que representan mas del 90% de la población del país) por la campaña en defensa de la vida, la voluntad de la mayoría del pueblo y de nuestra cultura cristiana se impuso.

La realidad es que el articulo 30, que define la vida como empezando desde la concepción, no es la verdadera batalla. La batalla vendra luego con la discusión, pendiente aun, del codigo penal. De lo que se trata es que si ahora definimos la vida como empezando en la concepción, cualquier articulo que legalice el aborto luego será fácilmente anulable por inconstitucional. Ellos lo saben.

Ante la derrota demoledora en primera lectura, arreciaron la campaña. Después de la aprobación del articulo 30 ha hecho de todo. La presión en los medios ha seguido y los que "ahora dudan" ($$$) han aumentado. Aun las amenazas, antes veladas, hoy son descarnadas. Se propuso publicar la lista de los legisladores, (Mas de 80% de la matricula), para "que se supiera quienes eran y la pagaran en las elecciones congresionales del año entrante".

La batalla por la aprobación de un articulo 30 pro-aborto ha comenzado y la el armagedon será la segunda lectura del articulo 30. Las amenazas y la presión increíblemente ahoga las voces de la mayoría del pueblo, de convicciones cristianas.

El día de hoy el Cardenal Lopez Rodriguez dejo claro que la Iglesia Católica enfrentara a quien sea en la defensa de la vida y aun mas, que las leyes inicuas son nulas, según dijo Santo Tomas de Aquino.

Hoy asumimos el llamado a las armas de la Iglesia y proponemos aun mas. Que nosotros, los ciudadanos cristianos, que constituimos mas del 90% de la población, tomemos en cuenta quienes son estos que intentan imponernos valores que nos son ajenos y que la amenaza que se ha hecho a los legisladores que han apoyado los valores de la Iglesia, la cumplamos nosotros contra los que se han declarado nuestros enemigos.

Tomaremos nota y el año que viene veremos cual amenaza pesa mas...

"El pacto"

Junio 10, 2009

En los últimos días el tema ha sido el acuerdo entre Miguel Vargas y el presidente Fernández. Considerado ya como benéfico para la nación por unos, como una aberración por otros y algunos hasta como una "muestra de buena voluntad de parte del mandatario". A mi entender quizás no mas que otra muestra del "tigueraje" del mandatario, que sabiendo que no tenia los votos para imponer su voluntad, ni el dinero para comprar a los insaciables —e inestables- reformistas, se decidió por lo seguro, aun aceptando algunas perdidas en el proceso.

En los últimos años la política económica del gobierno ha venido creando una bomba de tiempo. El abismo creado por el banco central con una política monetaria irresponsable y maniática bien pudiera explotar en el futuro cercano. Los movimientos del dólar en los últimos meses son preocupantes. Los creadores del mismo no querrán estar cerca cuando todo explote.

Este pacto saca a Leonel del panorama presidencial para las elecciones del 2012. Pocos querrían estar en los zapatos de aquel que le toque tener que sortear las consecuencias de las maniobras económicas de esta administración.

El PLD no es nuevo en esta estrategia. Ya lo hicieron una vez en el año 2000, con el entonces presidente Hipólito Mejía. Le dejaron el muerto a otro. Consumieron las reservas internacionales de forma irresponsable y antipatriótica. —"servir al partido"...-No tomaron las decisiones necesarias en relación a los precios de los combustibles y crearon una bomba que le explotó en la cara a Mejía.

Parecería que la estrategia es la misma, un empeoramiento inminente de la situación económica. Eventualmente dejar la papa caliente en las manos de Miguel Vargas en el 2012 (o de quien resultara electo) y volver, con una estrategia parecida a la aplicada en el 2004, en el 2016.

Desacreditar al gobierno que tome posesión en el 2012 en base a una campaña basada en un fracaso en la política económica del que el mismo Fernández ha causado. Enfrentar a un Hipólito Mejía en el 2016. Atentar contra el sistema financiero si es necesario. Ya se hizo una vez, ¿Por qué no de nuevo?

Un detalle puede estar escapándosele a Fernández... aun le faltan mas de 3 años de gobierno...

La desesperación del pueblo, expresada en las protestas en los pueblos. Los precios. La reducida actividad económica. La pasividad de las autoridades ante el narcotráfico, la corrupción y la situación de seguridad publica. Las pocas oportunidades para los jóvenes. El desempleo. Las elecciones congresionales de medio término. El autoritarismo del gobierno y la indolencia ante la situación y su inacción ante la crisis internacional que nos arropa pueden complicar el escenario...

Todo indica que las nuevas autoridades del PRD serán de las corrientes mas aguerrida y radicales. ...

Un detalle...quizás no sea posible pasar la bomba a otro de nuevo...es posible que esta vez le explote en las manos al dueño...

La sociedad del Ruido

Mayo 11, 2009

La sociedad del Ruido

En el mundo de hoy todo es ruido.

La cultura de nuestros barrios es un ruido constante. Si nos paseamos por nuestros barrios, escucharemos resonantes y estruendosas melodías surgiendo a nuestro alrededor. Desde el colmadón hasta la casa más humilde. El ruido es regla.

Cuando se compra un vehiculo, se verifica que tenga un buen "sonido". Si no, es importante hacer la inversión en el "musicón" cuanto antes.

Se crece entre el estruendo ensordecedor del colmadón, la discoteca, la calle, los bocinazos, el reggaeton, la bachata, el merengue, siempre en medio de la bulla, siempre...sin pausa.

Se vive absorbiendo la contaminación de un ruido constante, pero no solo el ruido auditivo, sino también del ruido que se produce por medio de la manipulación mediática, del control cuasi-absoluto de los medios. Se nos ensordece hasta el punto de todo lo que se oponga al "cassette" que nos ponen parece ridículo. Político o comercial, los antivalores se imponen.

El ejemplo que se ve y se vive es que el dinero fácil es la única vía. Los políticos se roban lo que es de todos, los sacerdotes nos traicionan, los pastores se hacen ricos a costa nuestra, los peloteros se inyectan, los narcos viven la gran vida, los empresarios nos explotan, los comunistas nos matan o se venden y los jóvenes, ante tanto ruido, no pueden ver las opciones... ¿Hay opciones? el estudio y el trabajo es un camino largo y tortuoso ¿Quién será tan tonto de seguirlo?

Creemos que esta música estruendosa es nueva. (Eclesiastés 1.1) Creemos que se acaba el mundo por la corrupción ensordecedora que nos arropa (Proverbios 1.13, 6.17 y 16.8)

La sociedad de hoy, de ritmo vertiginoso, es una sociedad que rinde culto al ruido. Se le tiene pavor al silencio, porque interpela y reclama. Porque da lugar a que escuchemos nuestras conciencias y quizás comencemos a cuestionar lo que no debe cuestionarse.

El negocio de los bancos en la Republica Dominicana...

Marzo 23, 2009

En la mayor parte de los países del "primer mundo" los bancos son instituciones de crédito que como negocios que son obtienen utilidades. (Beneficios económicos, renta o ganancia) Estas utilidades, en el ejercicio más puro de la banca, vienen dadas en virtud de las transacciones con el producto que los bancos captan, manejan y producen: El Dinero.

En términos sencillos. Los bancos, como negocio, ganan dinero al prestar dinero a una tasa más alta de la que pagan a los dueños del dinero de quienes lo captan.

En los países "del primer mundo" es raro que los bancos "incursionen" en otras áreas. Esto así porque las actividades comerciales, mientras mas alejadas de la banca pura, tienden a aumentar el riesgo para los ahorrantes (los dueños del dinero) Es inclusive un asunto de carácter prudencial que se controla con instrumentos regulatorios evitar que las instituciones bancarias incursionen en áreas especificas.

Vimos, por ejemplo, que en los últimos años, nuestras instituciones bancarias tuvieron que desligarse del negocio de los seguros. En algunos casos, muy tarde, pero ese no es el tema...

En la Republica Dominicana, sin embargo, el negocio de los bancos inmobiliarios, comerciales y de las asociaciones de ahorros y préstamos no es el prestar dinero. El negocio es una mezcla del negocio propiamente bancario y del negocio inmobiliario.

Veamos como funciona:

Primer paso: Captación.

La institución crediticia de las que hemos descrito otorga un financiamiento. En algunos casos, para aumentar los niveles de captación, se hacen "ferias" en las cuales se otorgan tasas preferenciales (temporales) y hasta se reducen las condiciones para la calificación (de un 25% del ingreso se puede bajar a un 33% por ejemplo) Como parte de este proceso la institución evalúa y conoce al detalle el ingreso del prestatario.

Segundo paso: Estrangulación.

En este punto. La institución comienza a subir las tasas. Lenta e inexorablemente comienza a llevar las tasas al máximo posible. La institución sabe el porcentaje de prestatarios que calificaron marginalmente. Por lo tanto, sabe quienes, habiendo calificado con una hipoteca que representa el 33% de su ingreso, con solo llevar la tasa de un 11% a un 33% (por ejemplo) de pronto tiene una hipoteca que representa la totalidad de sus ingresos. Este proceso llega a su etapa critica cerca de los 2-5 años de otorgado el financiamiento.

Tercer paso: Ejecución.

En esta etapa y luego de jugosos "gastos legales" la institución termina ejecutando la propiedad. Como los gastos legales han sido tan altos, el prestatario termina sin propiedad y sin la plusvalía que la propiedad haya podido generar.

Cuarto paso: Capitalización.

En esta etapa la institución vende la propiedad, capitaliza y en la mayoría de los casos, vuelve a convertirse en ente financiador, lo cual comienza el ciclo de nuevo.

Para que tengamos una idea. Una propiedad de 2 millones de pesos (Precio promedio de un apartamento de clase media) con un aporte del 20% de inicial termina financiando unos 1.6 millones, que a un plazo de 15 años y a una tasa de un 12% pagaría unos 22,000 pesos. Una persona o matrimonio joven calificaría para un préstamo en estas condiciones con un ingreso conjunto de 88,000 pesos mensuales, o 66,000 pesos mensuales a condiciones de "feria". Cuando el interés suba a un 30% (Y en algunos casos ya ha subido a 35%) el pago llega a unos 55,000 mensuales. Totalmente incosteable.

Si se pago esa propiedad durante unos 2 años y con una apreciación razonable el banco terminara vendiendo la propiedad por unos 2.5 millones luego de haberse ganado unos 600,000 pesos en intereses. Es decir, el banco, prestando 1.6 millones podrá duplicar su capital en alrededor de dos años. Y seguirá haciéndolo, pues seguirá financiando, ad infinitum...

En los últimos días hemos visto como los bancos se han resistido a bajar las tasas de interés e inclusive se sabe que están AUMENTANDO las tasas en medio de la situación. Nadie entiende porque. Nosotros ya les hemos explicado.

Estemos claros. El negocio de los bancos no es prestar dinero. El negocio de los bancos es inmobiliario...

Un país de delincuentes. Sálvese quien pueda.

Febrero 25, 2009

¿Que será de un país en el que los lideres deciden cuando cumplir la ley y cuando no cumplirla?

El contrato social tiene unas condiciones sin las cuales la vida en sociedad se hace imposible. Una de ellas es el estado de derecho.

Ya nos hemos referido a este tema en el pasado en diversas ocasiones.

Parece que en este país solo se entiende que se debe cumplir la ley cuando nos favorece. También hay un vicio terrible y es que se entiende que desde que se encuentra uno en una posición de poder nos ponemos por encima de la ley, como lo habría descrito Montesquieu.

Quien viola la ley es un delincuente.

Con un gobierno delincuente, una justicia delincuente, un Congreso delincuente, una policía delincuente, una Fuerza Aérea delincuente, una Marina de Guerra delincuente, fiscales delincuentes, jueces delincuentes, empresarios delincuentes, una cámara de cuentas delincuente y ayuntamientos delincuentes, ¿A dónde diablos es que creemos que vamos a llegar?!!

Ahora se suma a la lista una Junta Central Electoral delincuente, que luego de haber abusado de su poder e incurrido en violaciones contractuales groseras termina generando una sentencia arbitral inapelable y que aun con astreinte exorbitante se da el lujo de tomarse su tiempo para decidir si ejecuta la sentencia o no. Esta claro que el aspecto monetario no es demasiado preocupante para ellos pues el dinero saldrá de nuestros impuestos.

Se sabe que al menos dos de los jueces de la junta han estado activos en sugerir otros proveedores. Las razones por las que se empecinan en violar la ley parecen evidentes.

¿A dónde llegaremos?

El Zapatazo a Leonel...

Febrero 10, 2009

Durante el pasado fin de semana, organizaciones de jóvenes llevaron a cabo un acto de protesta que había sido previamente anunciado, publicitado y notificado a las autoridades de la Secretaria de Estado de Interior y Policía.

Días antes de celebrarse tal acto, comentábamos como entendíamos que el acto no pasaría sin incidente.

Nos nos preciamos de ser videntes, de predecir el futuro, ni de tener la capacidad de prever o ver acontecimientos oscuros o imposibles de ver para los demás mortales. Lo que si sabemos es del deleite con que los militares y policías de este país lamen las botas de sus superiores y asumen posiciones genuflexas y evidentemente violatorias a los derechos de los demás siempre que eso les represente alguna simpatía de quien firma los decretos.

El acto no acabo tan mal como podría haber acabado, pero no paso sin incidentes.

Algunos dirán que "no se podía permitir el irrespeto a la figura del presidente de la republica" o que "no se puede permitir el irrespeto a los símbolos patrios".

Lo primero que debemos aclarar, para que evitemos terminar llamando "símbolos patrios" a los alcaldes pedáneos es que los símbolos patrios son solo aquellos que la constitución define claramente en sus artículos 95, 96 y 97, a saber: La bandera nacional, el escudo de armas y el himno nacional.

Lo segundo nos lleva a una interesante discusión.

No sabemos de donde sale la famosa frase del "irrespeto a la figura del presidente" pero tenemos mucho tiempo escuchándola. No sabemos donde en la legislación adjetiva dominicana se menciona y estamos convencidos de que es inexistente.

Lo que mas se le parece es lo que establece el código penal en su articulo 368: "La difamación o injuria pública dirigida contra el Jefe de Estado..."

Esta interpretación, forzada por demás, tiene serias dificultades. La primera proviene del mismo código penal, que en su articulo 367 define que es la difamación y que es la injuria: "Difamación es la alegación o imputación de un hecho, que ataca el honor o la consideración de la persona o del cuerpo al cual se imputa. Se califica injuria, cualquiera expresión afrentosa, cualquiera invectiva o término de desprecio, que no encierre la imputación de un hecho preciso."

Un acto publico de desprecio NO ES UNA ALEGACION O IMPUTACION, tampoco es una EXPRESION por lo que difícilmente podría catalogarse como difamación o como injuria.

Pero aun cuando intentamos, siendo abogados del Diablo, interpretar un termino jurídico definido en un sentido lato, como lo definiría un diccionario: "Agravio, ultraje de obra o de palabra" (Del diccionario de la Real Academia de la Lengua Española) tendríamos un problema insalvable: Seria contrario a la constitución de la Republica.

El articulo 8, en su numeral 6 consagra el derecho de toda persona "sin sujeción a censura previa, a emitir libremente su pensamiento mediante palabras escritas o por cualquier otro medio de expresión, gráfico u oral."

Siguiendo esta línea de razonamiento podríamos decir que la ley y la constitución se contradicen en este aspecto y que por tanto tomaríamos la que nos convenga, si no fuera por ese condenado Art. 46 de la constitución que viene a aguarnos la fiesta "Son nulos de pleno derecho toda ley, decreto, resolución, reglamento o acto contrarios a esta Constitución"

La realidad es que ninguna ley prohibía este acto. No había ninguna prohibición legal adjetiva o sustantiva que lo prohibiera mientras si habían disposiciones legales adjetivas y sustantivas que la protegían.

Lo <u>único que violaba este acto</u> era la sensibilidad de algún funcionario lambón con deseo de congraciarse con el jefe.

Precedentes...

Enero 20, 2009

Reflexionando sobre las cosas que han estado pasando en los últimos años y de forma más enfática en los últimos meses vislumbramos algo que nos preocupo y nos preocupa sobremanera: Estamos recorriendo un camino peligroso...Hemos sido indiferentes e indolentes ante graves incidentes y el costo podría ser muy alto.

Nuestra justicia, que luego de las reformas del 1994 parecía haber tomado el camino del avance institucional ha perdido el camino en los últimos años.

El ministerio publico retiro la acusación en los casos de corrupción de Ángel Lockward y de Anisia Risi, en el que llego a admitir que las pruebas "se perdieron"... Desistió en el caso Bancrédito en busca de favorecer a Arturo Pellerano. Excluyó al Listín Diario del caso Baninter y "perdió" las pruebas del PEME. Sin embargo insistió hasta la necedad en casos rechazados por numerosos tribunales, porque se trataba de Víctor Céspedes, Eligió Jáquez y Cesar Sánchez, destacados líderes de oposición. Ese mismo ministerio público se atreve a solicitar, por medio de un documento falseado, intervenciones telefónicas de los principales dirigentes de oposición a 10 días de las elecciones. La cabeza de ese estamento, el Procurador General de la Republica, se atrevió a entrar en una polémica con un senador que denuncio una red de narcotráfico en la provincia de Baní, en vez de realizar la investigación que era su deber realizar, sobre todo porque la denuncia se le había hecho de forma privada en ocasiones anteriores.

En el caso de los jueces la cosa no es mejor, pues nuestra suprema corte de justicia nos demostró que el hijo de un juez de la misma, aun atrapado "in fraganti" en un típico caso de lavado de activos, no puede ser sujeto de ninguna acción judicial. También nos mostró su debilidad hace unos días en con una "sentencia ilógica, peligrosa, cobarde, incoherente y que crea un precedente funesto".

También hemos visto como se deteriora el Estado de derecho con casos como la desobediencia del SENASA, que a pesar de tener una sentencia en contra se resiste a acatarla. ¿Qué se puede esperar si el ejemplo es un presidente que después de una sentencia definitiva en un caso en el que durante años negó que hubiera fraude se destapa con unos indultos que ponen a la justicia en el ridículo?

En el campo de la libertad de expresión hemos sido testigos de presiones a periodistas de oposición como Juan TH y Melton Pineda. Hemos visto como del Listín Diario se saco, por presiones que el mismo admitió, a Miguel Franjul y como se saco la columna de Jaime Aristy Escuder, economista de oposición. Hemos visto la presión que se ejerció sobre

Miguel Guerrero y como ha habido una "inversión" oficial en los medios, como nunca antes. El poder del gobierno sobre los medios actualmente es también excepcional.

En cuanto al manejo policial y las libertades públicas lo que se ve no es bueno. Nunca antes había habido tantas ejecuciones extrajudiciales como ahora. Nunca habíamos oído que a una marcha pacifica se le arrojara materia fecal. Ni que a un grupo de estudiantes con cartelones frente a la secretaria de educación se le arrojara orina. Si a eso unimos la modificación de las fotos en el apresamiento abusivo del presidente del colegio medico, el deseo del J2 de tener copia de padrón, las declaraciones del secretario de interior y policía de que "sabrían por quien votaría todo el mundo" y el marcado interés de "desarmar a la población civil" el resultado es preocupante.

En al ámbito institucional vimos una campaña que violento todos los parámetros y que genero criticas hasta de organismos internacionales tradicionalmente poco dados a eso. Vimos como se crearon nominillas para favorecer de forma directa a simpatizantes del partido de gobierno. Vimos como se construyo una obra de miles de millones de pesos sin presupuesto y como se maniobro para evitar cumplir con la ley de contrataciones publicas. Estamos viviendo la violación a la ley de hidrocarburos y hemos visto como el Partido Reformista ha sido reducido a monigote.

Hemos visto que el proyecto de constitución que el presidente ha enviado concentra en la figura presidencial, como nunca, los poderes del Estado, a costa de los demás poderes. Ya sabemos que tratara de reelegirse de nuevo en el 2012.

Después de analizar detenidamente todos estos hechos, solo cabe preguntarnos.

¿Qué presagian todos estos <u>precedentes</u>?

Percepciones

Enero 19, 2009

Hace unos días leíamos sobre un trastorno neurológico que sufren algunas personas y que les lleva a poder "oler" los colores, ver "olores", etc. Este trastorno de los sentidos, la sinestesia, despertó nuestra curiosidad. Si una persona puede "oler" un color especifico, entonces ese color siempre tendrá un mismo olor o un olor al menos similar.

Por ejemplo, el azul siempre olerá a azul y el rojo siempre olerá a rojo.

Eso nos hizo pensar si ese trastorno no provocará en realidad que las personas afectadas por el mismo perciban cosas que son realidades y que simplemente el resto de nosotros no está en la capacidad de percibir.

Sería como los sonidos o los olores que los seres humanos no podemos percibir mientras muchos animales, como los perros, si pueden. Sería como las cosas que no podemos ver a simple vista mientras un águila o un halcón pueden hacerlo con facilidad. Simplemente porque no estamos capacitados para percibir esas cosas.

De forma análoga ¿No sería posible que suceda eso también en el ámbito de los eventos sociales?

¿Sería posible que mientras la generalidad de las personas actúa y vive como si nada pasara, algunas personas, profundamente preocupadas, perciben un acontecimiento social inminente?

¿Será que antes de las grandes revoluciones, guerras, magnicidios, derrocamientos y estallidos sociales, nadie pudo percibirlo?

¿Habrá alguien que en este momento perciba el acercamiento al vacío mientras los demás nada sospechamos? ¿Estará en este momento alguien pensando, temiendo, temblando ante la percepción de un inminente estallido social?

El terrorismo sindical...

Enero 15, 2009

Siempre hemos expresado cierta simpatía por las demandas de los sindicalistas, en la medida en que estas tienen alguna base lógica y algún principio de justicia.

También hemos adoptado en diversas oportunidades, una posición hasta cierto punto de defensa de los sindicalistas, porque hemos podido identificar cuando han sido objeto de las miras de las bocinas pagadas del gobierno...

Sin embargo, todo tiene su límite.

En el día de hoy escuchamos las declaraciones de un líder sindical tratando de explicar la que se ha convertido en práctica cotidiana de los sindicalistas o empresarios del transporte.

Un grupo de transportistas de carga bloquean el acceso a una empresa privada para obligarla "al dialogo", luego

126

de que la empresa decidiera contratar a otra empresa para el transporte de su carga y prescindir de los servicios del primer grupo.

Si los transportistas reciben los servicios de carga como contratos individualizados por servicio, no tienen derecho a reclamo. Si los transportistas tienen un contrato por cierto tiempo o bajo cualquier modalidad y sus derechos están siendo violados, el lugar de reclamo son los tribunales de la republica.

Una empresa privada tiene derecho de contratar a quien desee para los servicios que necesite. El argumento manido de que "somos padres de familia" y que "hemos dado el servicio por x cantidad de años" no implica nada. No se pueden alegar derechos adquiridos en esta materia. El numeral 12 del artículo 8 de la constitución protege los derechos de la empresa en este caso, sin hablar de la violación al numeral 4 del mismo articulo que las acciones de los sindicalistas comportan.

Ya esta bueno de permitir el terrorismo sindical. Si seguimos permitiendo que los sindicalistas diriman asuntos que son competencia de los tribunales en las nuestras calles, eventualmente tendremos que entregárselas...

El problema de la pena de muerte...

Enero 14, 2009

Ya en el pasado nos hemos referido al problema que presenta la pena de muerte.

Ya hemos criticado y <u>expresado nuestra preocupación</u> por los linchamientos que se han ido haciendo cada vez mas frecuentes y revelan como la población ha ido perdiendo respeto por el valor de la vida ante la frustración que genera la criminalidad.

Lo que mas nos preocupa y también a eso <u>nos hemos referido</u> es que cuando la población se hace insensible a los linchamientos y celebra las ejecuciones extrajudiciales y "demuestra su apoyo" a las ejecutorias de una policía que ya ha roto récords en "intercambios de disparos" se abre una tenebrosa puerta.

Cuando permitimos que un policía ejecute a personas por las razones que sean lo convertimos en un verdugo y un asesino. Luego ¿Qué hacemos con ese asesino? ¿Podremos controlarlo? ¿Podremos garantizar que no matara a personas por razones pasionales en su barrio cuando mata a diario? ¿Cómo sabemos que no matara por dinero?

Hace unos días vimos como el hijo de un profesor universitario se salvo milagrosamente de una ejecución sumaria sin ningún tipo de razón. También vimos como la policía alego que cinco personas murieron en el mirador en un "intercambio de disparos" cuando se preparaban para un asalto a la cervecería. Para luego descubrir que tal y como lo había denunciado Juan Hubieres, fueron ejecutados.

La policía, convertida en órgano criminal y asesino, ahora ejecuta rindiendo servicio al crimen organizado.

Ese es el problema, que de una política esencialmente mala de ejecuciones extrajudiciales , no podemos esperar que salga nada bueno.

La violencia no trae paz, salvo la paz del cementerio...

Los patriotas de hojalata...

Enero 6, 2009

Hay un grupo de patriotas en la Republica Dominicana que no nos merecen el mas mínimo de los respetos.

Los conocemos bien. Son los mismos de siempre. Los mismos que colgaban con orgullo esos cuadros que rezaban "En esta casa manda el jefe", "Dios y Trujillo" y otras vergüenzas.

Son esos patriotas los que dieron cobijo a los norteamericanos cuando mancillaron nuestro suelo...

Los mismos que despreciaron al PRD desde sus inicios y aun hoy lo desprecian por su ascendiente social humilde y por representar los intereses de los mas, de los descamisados...

Son los mismos que tan bien se sintieron cuando la funesta dictadura de los 12 años borro a toda una generación de líderes jóvenes brillantes, Amin Abel, El Moreno, Orlando y otros mas, miles...muchos de esos patriotas apoyaban "la banda". Algunos engrosaron sus filas...

Son los patriotas que defendieron el despojo que hizo Balaguer al PRD en el 1978, muchos de ellos patrióticamente se opusieron a la entrega del poder. Todos ellos despreciaron la "sucia injerencia" norteamericana y venezolana que impuso la transición del poder...

La mayoría de ellos celebró el suicidio de Don Antonio...

Son los mismos que apoyaron la campaña racista contra Peña Gómez y que temieron que "se uniera la isla". Todavía estamos esperando la infame unión.

También apoyaron que se pusieran banderas nacionales para representar su oposición a que "un haitiano" llegara al poder y que se pusiera el himno nacional todos los días al medio día. Verdaderos patriotas...

Muchos de esos patriotas tienen ciudadanía norteamericana, todos mandan sus hijos a escuelas privadas y casi todos mandan sus hijos a estudiar al extranjero. Su dinero lo guardan en cuentas bancarias en suiza y muchos vacacionan en Aspen...

Son los primeros en gritar "injerencia" cuando un "poder extranjero" señala alguna acción negativa. Nunca se pronuncian cuando los poderes públicos desconocen una sentencia o cuando le tumban el pulso a la suprema para evitarle un proceso penal a un presidente delincuente...

Si, a esos patriotas los conocemos bien...

Indice

www.ingramcontent.com/pod-product-compliance
Lightning Source LLC
Chambersburg PA
CBHW051409280526
45785CB00003B/1003